AF502996

L'ARTICLE 7

LETTRE A D. DELORME

PAR

EDOUARD PINKCOMBE

PARIS

IMPRIMÉ CHEZ ALCAN-LÉVY

61, RUE DE LAFAYETTE

1874

Paris, 1er novembre 1873.

MON CHER DELORME,

J'ai lu attentivement et viens de relire encore les considérations d'Alexandre Delva sur l'article 7 de la constitution d'Haïti.

Cet article, contre lequel notre ami a publié un long plaidoyer, a pour moi et doit avoir pour tous nos compatriotes une grande importance dans les destinées du pays. Il faut donc le discuter sérieusement et attentivement.

Sans mettre en doute un seul instant les convictions de notre ami commun, je crois cependant qu'il faut le combattre. Ses raisons contre *l'Arche sainte*, comme il nomme cet article, sont peu convaincantes; et dans ses vingt-deux pages, il ne m'a, je vous l'avoue, rien prouvé.

Je vous dirai donc avec franchise que Delva, qui est incontestablement, par ses études et son éducation, un de nos Haïtiens les plus remarquables, m'a fort étonné par la faiblesse de ses arguments, ce qui prouve peu en faveur de la cause qu'il défend; car, avant de l'avoir lu, je le craignais comme adversaire, étant de ceux qui croient *qu'on ne doit pas*, EN CE MOMENT SURTOUT, *retirer l'article 7 de la constitution d'Haïti.*

Je ne pense pas qu'il ait facilement gain de cause auprès des nôtres; mais il est de votre devoir, il me semble, de prendre la plume, vous qui vous êtes fait une place si distinguée parmi les écrivains et qui travaillez si honorablement dans l'intérêt de notre pays; il est de votre devoir de dire franchement votre opinion à nos concitoyens. Si Dieu, dans sa prévoyante sagesse, a donné la lumière aux uns, ce n'est que pour qu'ils montrent aux autres la route à suivre. Vous taire ne serait pas bien, car la question intéresse Haïti au plus haut degré; et s'il faut, pour vous décider, que je passe le premier, je vais essayer, moi, qui n'ai jamais écrit, de vous soumettre quelques-unes de mes idées avec les observations que m'a suggérées la brochure de Delva.

Je vous les envoie comme elles se sont présentées à mon esprit, sans prétention.

Ce sont des appréciations toutes personnelles, sur lesquelles je vous prie, en ami, de me donner librement votre opinion..... La vérité ne m'a jamais froissé.

C'est une tâche assez ardue que je vais entreprendre là; je serais heureux de pouvoir, sans encombre, la remplir comme je l'envisage, et plus heureux encore d'obtenir jusqu'au bout votre attention, sans vous fatiguer.

Vous trouverez peut-être que je le prends de bien haut, car je vais débuter par le croisement des races; mais ne soyez point effrayé, je ne vais pas vous faire de l'histoire, et cela, pour deux bonnes raisons : la première, pour ne pas vous porter à jeter loin de vous ce papier; la seconde, pour ne pas simplement emboîter le pas après ceux qui, plus autorisés, ont déjà traité cette question.

Je crois que c'est le croisement des races qui a sauvé Haïti, de l'esclavage d'abord, et ensuite, de la domination étrangère; car si une poignée de colons commandaient à des centaines de mille esclaves, ce n'était que par la force morale; et du jour que le blanc, entraîné par la sensualité, jeta les yeux sur l'Africaine et produisit le premier mulâtre à Saint-Domingue, son autorité de maître commença à baisser, parce qu'il venait de créer, sans s'en douter, à côté de la sienne, une force nouvelle et rivale, que la nature elle-même le portait à cultiver, à développer, et qui, plus vivace sur cette terre d'Amérique, devait inévitablement l'emporter dans la lutte.

C'est ce produit des deux races, jusqu'alors hostiles, que Victor Hugo, dans son *Bug-Jargal*, fait naître du jour et de la nuit et qu'il appelle l'aurore, qui devait, plus tard, faire éclore l'aurore de la liberté et de l'indépendance nationale.

Ceux qui naquirent de ce croisement direct des deux sangs sous ce beau ciel des Antilles, devaient bientôt, revendiquant les droits de l'homme, appeler les opprimés à secouer le joug de l'étranger et former avec eux ces légions de héros dont l'histoire d'Haïti conserve les noms avec tant d'orgueil.

C'est ce mélange du sang français et du sang de l'Afrique qui, en arrosant le sol de la patrie depuis Ogé et Chavanne, fit surgir de cette terre d'esclavage *l'Arbre de la Liberté*.

Les premiers petits mulâtres apprirent à lire en épelant les actes de la Révolution française de 1789.

Les colons imprudents et maladroits ne sentirent pas le souffle révolutionnaire traverser l'Océan.

Ils ne comprirent pas, les insensés, que ce mot magique : *Liberté,* allait réveiller toutes ces natures indolentes, énervées par la violence.

Ils ne virent pas, les aveugles, la torche du noir esclave, éclairant à l'horizon l'indépendance, fille échevelée de cette liberté.

Ils ne devaient que trop tard ouvrir les yeux pour voir la mort au seuil de ces belles habitations, où jusqu'alors ils avaient commandé en maîtres absolus.

En faisant deux martyrs d'Ogé et de Chavanne, les colons venaient de sonner eux-mêmes le tocsin des catastrophes de Saint-Domingue..... La mesure trop pleine déborda. Innocents et coupables subirent la peine du talion.

Ceux qui purent se sauver reprirent le chemin de l'Europe, qu'ils avaient quittée pour venir s'enrichir sous le ciel des tropiques; les noirs, enlevés de force de la terre d'Afrique et jetés comme des bestiaux au fond d'une cale obscure pour ne revoir le jour qu'à Saint-Domingue, ne pouvaient pas reprendre le chemin de leur première patrie.

Ils étaient devenus, au lendemain de leur délivrance, maîtres absolus, à leur tour, de tout ce beau pays, enrichi par leur travail et par leurs souffrances.

Ils en étaient donc les maîtres et par droit de conquête et pour l'avoir, sous le joug inexorable du commandeur, arrosé de leurs sueurs et de leurs larmes.

C'est à ce moment que nos pères firent l'article 7, comprenant parfaitement que l'étranger, attiré par l'appât du gain, voudrait revenir plus tard chercher fortune sur cette terre riche et fertile. Ils pensaient sagement qu'en lui enlevant le droit de propriété, ils l'amèneraient, par le besoin de posséder joint aux inclinations naturelles, à contracter dans notre société des alliances régulières et à s'intéresser ainsi à nos efforts.

L'étranger, le blanc, qui vient chercher fortune en Haïti, est généralement jeune et célibataire; il y arrive seul et avec l'idée de pouvoir s'en retourner le plus tôt possible dans ses foyers, pour s'y établir définitivement et y créer une famille.—Il ne lui vient pas d'abord la pensée de contracter mariage parmi nous; son rêve est ailleurs, dans son pays; il se hâte de gagner de l'argent pour y retourner. Cependant, à mesure qu'il prospère, il s'habitue à notre société, apprend à nous estimer, se fait à l'idée de vivre dans nos foyers, et, comme nous avons seuls le droit de propriété et qu'il a besoin, lui aussi, de posséder dans un pays où il se décide à résider, il en vient presque toujours à rechercher l'alliance d'une Haïtienne qui lui apporte le droit de propriété immobilière.

Mais pensez-vous qu'il en serait de même sans l'article 7 ? L'étranger (le blanc), n'ayant aucune raison pour épouser nos filles, irait se marier dans son pays quand il voudrait résider parmi nous, et y reviendrait avec la femme de sa nuance. Je ne dis pas que ce serait là un dommage pour nos familles, mais c'en serait un pour cette grande idée du croisement des races, qui produit partout dans le monde d'heureux résultats. Il y a plus : nous aurions alors inévitablement chez nous ce qui n'existe pas aujourd'hui, deux camps bien distincts, deux nouveaux préjugés : les familles blanches et les familles haïtiennes en antagonisme, comme dans les îles voisines; et nous savons l'état social que cette lutte sourde ou ouverte produit dans les colonies dont je veux parler.

Cependant, ce n'est pas encore tout, car nous aurions en outre des complications sans nombre, des différends inévitables et journaliers avec les consuls des puissances étrangères au sujet des propriétés de leurs nationaux, par suite de notre police intérieure, dont l'organisation laisse tant à désirer, sans compter des duels perpétuels, à moins que, perdant toute énergie ou toute moralité, nous ne nous fassions les serviteurs bien humbles de ces nouveaux colons.

Vous trouverez peut-être que je fais un tableau trop sombre des conséquences qui résulteraient du retrait de l'article 7. Eh bien, oui, dussé-je être accusé d'exagération, être considéré comme alarmiste, j'aime encore mieux être effrayé comme je le suis aujourd'hui et recevoir toutes les mauvaises épithètes de ceux qui ont confiance, comme Delva, que de déplorer plus tard des résultats irréparables. J'aime encore mieux être maître pauvre chez moi que valet galonné chez les autres. On ne peut accuser de jalousie celui qui ne demande qu'à conserver sa dignité et sa nationalité; si je veux recevoir cordialement l'étranger à ma table et lui faire partager mon repas, je n'entends et je ne *veux pas* surtout qu'il commande chez moi.

Nos pères, maîtres après Dieu des destinées d'Haïti, firent donc, en sages, pour se prémunir dans le présent et l'avenir, des forteresses en pierre sur le littoral et dans l'intérieur, et une d'un autre genre, dans notre constitution, qu'ils appelèrent l'article 7.

Si nous n'avons pas marché avec la civilisation, si ce que nos pères nous ont laissé est de nos jours démodé, c'est à dire ne s'est pas modifié à notre avantage, à qui la faute? Si de décadence en décadence, nous ne pouvons rien chez nous, pas même nous chausser sans le secours de l'étranger, à qui la faute? Si, pour nous sauver, dit-on, nous sommes réduits à demander, nous, fils des héros de l'indépendance, que ceux qui ont été chassés par nos pères, viennent dominer en Haïti par la force de leurs capitaux, à qui la faute? Si les hommes de métiers manquent, si la culture est abandonnée, si les bureaux et les administrations de l'Etat regorgent d'employés incapables, si tout le monde, du plus petit au plus grand, veut être aujourd'hui président de la République d'Haïti, à qui la faute? Et si les aigles de la liberté de Saint-Domingue n'ont produit que les Haïtiens de notre époque, pensez-vous, mon cher Delorme, que nous puissions facilement arriver à revendiquer nos droits si un jour ils nous sont contestés?

Au point de vue commercial, je ne dis pas que ceux qui ont beaucoup de terre au soleil ne fassent de très bonnes affaires, et ceux-là sont généralement les adversaires intraitables de l'article 7.

Je m'arrête ici un instant pour vous dire que, dans ce que j'ai écrit et vais écrire, je n'entends faire aucune allusion à notre ami Delva, grand propriétaire foncier. Je croise loyalement le fer avec lui à propos d'une divergence d'opinion; nous pouvons n'être pas du même avis sur l'article 7, mais nous le serons toujours, je l'espère, pour ce qui est de l'honneur et du patriotisme.

Ces explications étant données, et comme je tiens à avoir mes coudées franches, je reprends mon sujet en toute liberté.

Je disais donc que la plus grande partie de ceux qui ont de grands biens territoriaux seraient malheureusement, pour notre dignité nationale, trop empressés à gagner en argent ce qu'ils perdraient en considération.

J'en connais qui, dans cette prévision, emploieraient d'avance tous leurs capitaux dans des achats de terrains pour les revendre à de gros bénéfices aux acquéreurs étrangers; et ces hommes, qui ne sont que des hommes d'affaires, des hommes d'argent, juifs sans la circoncision, *feraient bien*, car ils auraient, hélas! pour eux, l'approbation générale.

Chaque propriétaire étranger hisserait son pavillon au moindre mouvement insurrectionnel, car je ne pense pas que l'abolition de l'article 7 couperait court aux émeutes. On verrait, comme pour les jours de fête, toutes les maisons des villes et des campagnes pavoisées des couleurs étrangères. Ce serait très gai pour le coup d'œil, mais un peu moins pour le gouvernement, qui aurait à répondre à toutes les demandes d'indemnités pour les pavillons outragés et les propriétés endommagées.

Pourrions-nous, peuple faible, avoir jamais raison? Et notre caisse obérée pourrait-elle suffire à satisfaire à tant d'exigences?

Nous avons été assez souvent victimes de la raison du plus fort pour nous rendre compte des difficultés où nous nous trouverions en pareil cas.

Le canon prussien qui, hier encore, braqué sur le Port-au-Prince, nous faisait sentir sa puissance et notre faiblesse; notre navire de guerre saisi dans la rade; ses officiers, soldats et matelots, jetés honteusement sur le quai; le fort Bizoton au pouvoir de ce créancier arrogant et brutal, qui, les mains et les poches encore pleines des milliards de la France, nous outrageait en sécurité et nous faisait rendre gorge pour la modique somme de 75 à 80,000 francs,

que l'on devait ou que l'on ne devait pas à un
sieur X....., de l'empire allemand; notre gouvernement obligé, c'est à ne pas le croire, de s'adresser à
la caisse d'un Prussien pour payer la Prusse; toutes
ces raisons ne nous suffisent-elles pas pour nous
ouvrir les yeux? Sommes-nous donc des aveugles?
ou faut-il que de force on nous écarquille les pau-
pières?

Il est vrai de constater ici qu'il nous a été donné
la triste satisfaction d'envoyer voir s'il y avait encore
des juges à Berlin; si nous voulons nous résigner à
nous contenter toujours de pareilles satisfactions,
libre à nous d'être imprudents.

Je crois qu'en Haïti, soit dit en passant, nous ne
devons pas nous effrayer seulement des États-Unis,
et que nous devons aussi songer à l'Allemagne; et
cependant, dans nos principales villes et au Port-au-
Prince surtout, l'Allemand est une autorité de fait.
Adroit et patient, il fait son chemin sans bruit; sou-
ple et insinuant, il est arrivé aujourd'hui à envahir le
haut commerce et à se rendre presque indispensable
à nos gouvernants. C'est là une idée à moi, qui m'est
venue depuis longtemps déjà, et que je tiens à soumettre entre parenthèses à nos concitoyens.

Si les malheurs des grandes puissances doivent

servir de leçons aux petites nations, prenons la France pour exemple.

N'a-t-on pas vu, pendant de longues années, l'Allemand établi et favorisé à Paris et dans les principales villes de ce beau pays, exploitant toutes les industries, tous les genres de commerce, et placé même dans les administrations? Et à la déclaration de la guerre (1870), n'a-t-on pas vu ces mêmes hommes porter les armes avec ardeur contre la France, qui leur avait, pendant longtemps, donné l'hospitalité et le bien-être?

Si, au lieu d'écouter les belles phrases de **M.** Garnier-Pagès, retour d'Allemagne, et présentant à la tribune les Allemands comme un peuple de *frères*, aimant la vie de famille et pratiquant toutes les vertus, on eût écouté le général Niel, qui voulait relever l'armée, fortifier la France et la mettre en garde contre l'aigle prussienne, cette France n'aurait pas à regretter aujourd'hui ses milliards et deux de ses provinces.

En attendant que nous soyons assez forts pour faire exécuter et respecter nos lois sans la crainte d'un consul prêt à bombarder sous le plus futile prétexte, laissons l'article 7 à la constitution comme l'enfant à sa mère ; quelque rouillée que soit une arme, elle vaut encore mieux que rien. Nous avons, à mon avis, autre chose à faire pour le moment. Etablissons plutôt l'instruction obligatoire, faisons en sorte que tous les noirs des villes, des plaines et des mornes sachent lire pour qu'ils comprennent, en lisant l'histoire, que le mulâtre ne *peut pas* être son ennemi.

Ne permettons pas à quelques misérables ambitieux de profiter de la crédulité ignorante de la masse pour ensanglanter notre famille haïtienne; répandons l'instruction, la religion et la morale partout, et en remplissant notre devoir , nous aurons élevé une digue contre ce machiavélisme de quelques-uns, qui se résume en ces trois mots : *Diviser pour régner.*

Occupons-nous sérieusement de nos enfants pour en faire des hommes utiles ; créons de bonnes écoles pour ceux qui, comme dit Delva, ne peuvent venir *se réchauffer au foyer des lumières de l'Europe*; que ceux qui en ont les moyens envoient leurs fils étudier les sciences, les arts, les lettres, ou le métier des armes, pour que nous ayons un jour des officiers instruits; créons des ateliers pour les professions de première nécessité; faisons nos efforts pour développer de bonne heure, dans le cœur de nos enfants, le sentiment de la patrie; que ceux qui, Haïtiens dans nos jours prospères, renient leur pays dans l'adversité,

soient mis au pilori de l'opinion publique; vouons à
la réprobation générale ceux qui, pour sauvegarder,
disent-ils, leurs coffres-forts menacés, sacrifient honteusement leur honneur et leur nationalité.

Relevons notre orgueil et notre dignité, et n'a-
bandonnons pas la place à l'étranger, qui ne vient
chez nous que pour faire fortune ; portons-le au contraire par des lois intelligentes et par nos succès,
comme aux États-Unis, à s'asseoir à notre table en
frère, en concitoyen. Créons une dot nationale en
terre et argent, en terre surtout, pour nos filles pauvres, que l'industriel ou le commerçant étranger
épouserait; posons pour condition, en ce cas, que le
domicile, comme le travail, soit obligatoire.

Une fois dans cette voie de progrès, allons plus
loin, donnons ce goût du luxe et des fêtes, qui fait
travailler. Rendons par là le séjour du pays plus
agréable; faisons que les noirs et les hommes de
couleur des îles voisines et de toute l'Amérique, qui
souffrent des préjugés d'épiderme, trouvent chez nous
une hospitalité cordiale, une place au foyer de famille;
faisons tomber surtout le préjugé le plus absurde et
le plus ridicule de tous, le préjugé de *localité,* qui
déshonore ceux qui peuvent l'avoir; faisons qu'avec
confiance, nos frères du dehors viennent, comme en

2

1843, nous demander la faveur d'être Haïtiens sans avoir à craindre pour leur sécurité; créons une bonne police pour nos villes et nos campagnes; faisons que blancs, noirs ou jaunes qui réclameront la nationalité haïtienne, les premiers par le mariage et les deux autres par la consanguinité, puissent jouir de leurs droits sans obstacle et voyager dans toute l'étendue de l'île, sans avoir à redouter les insultes brutales d'un fonctionnaire mal avisé et ne comprenant pas sa mission, ou les arrogances *autoritaires* d'un militaire galonné.

En écrivant ces lignes, j'entends surtout parler du règne de l'ex-empereur Soulouque, qui le plus contribué, malheureusement, à éloigner de nous les étrangers en général, et en particulier les noirs et les hommes de couleur des îles voisines qui, à cette époque, ne demandaient pas mieux, je leur dois cette justice, que de partager notre nationalité.

Pour conserver à ma lettre toute son impartialité, je dois vous dire une fois pour toutes, mon cher Delorme, que lorsque je parle d'Haïti et de ses mœurs, j'accuse indistinctement tous ceux qui, depuis notre indépendance, se sont chargés de ses destinées; j'accuse encore bien plus les premiers que les derniers, la tâche pour ceux-ci, devenant de jour en jour plus difficile, et le règne des premiers, pour moi, s'arrête inclusivement à Geffrard. J'accuse tous les incapables qui ont eu le temps et les moyens d'agir et qui n'ont rien fait, et qui nous ont réduits à la mendicité. Je ne puis donc encenser aucun gouvernement devant mon pays qui demande l'aumône....

Oui, j'encenserai; oui, je mettrai genoux en terre et baiserai les pas de celui qui, si Dieu nous prend en pitié, pourra un jour, nous guidant dans la voie du progrès, inscrire hardiment d'une main ferme, sous nos trois devises : *Liberté, Égalité, Fraternité*, ces trois pendants aussi simples et aussi grands : *Travail, Instruction, Moralisation*. A celui-là, le pays tout entier lui devra une colonne d'or.

Que ceux qui prennent les rênes de l'État et la responsabilité de nos destinées sachent conduire, car il en est de commander comme de faire des bottes; c'est un métier à apprendre. Si nous ne le savons pas, faisons au moins que nos enfants l'apprennent. Instruisons-les sérieusement, faisons-les voyager pour développer leurs idées.

Nous avons à remarquer aujourd'hui avec plaisir que l'Haïtien se déplace beaucoup plus facilement que par le passé; et il est à souhaiter que le nombre des voyageurs pour l'Europe augmente chaque année, et que tous ceux qui y viennent, y laissent ou y envoient leurs enfants pour qu'ils s'y livrent à des études spéciales; il est incontestable, avec cela, que dans quelques années nous aurons, dans toutes nos industries, dans le commerce, dans l'administration, dans l'armée, dans notre diplomatie, et à la tête du pays, enfin, des hommes capables et utiles. Mais si nous envoyons nos fils en Europe, pour en faire des hommes pour l'avenir national, gardons nos filles chez nous, établissons pour elles de bonnes maisons d'éducation, laissons-les grandir et s'instruire sous les yeux de leurs mères, pour que, comme elles, elles deviennent des femmes simples et dévouées, sans faux orgueil, des femmes de ménage, de bonnes mères de famille. Laissons à nos filles leur naïveté locale et leurs premières affections; ne développons pas chez elles des idées de grandeur, des goûts de luxe que nos modestes fortunes suffisent souvent à peine à satisfaire; donnons-leur une éducation simple et solide; ayons, comme par le passé, et comme nous en avons encore à présent, des écoles tenues par de mères de famille et de bonnes sœurs de charité, qui leur enseignent ce qu'elles doivent savoir dans les temps où nous sommes.

Comme c'est par la femme que le préjugé de couleur doit tomber, nous ne saurions trop avoir soin de nos jeunes filles pour leur conserver cette virginité plus pure que celle du corps, celle de l'esprit et du cœur.

Je trouve que Delva, dans les premiers paragraphes de la page 6 de ses *Considérations*, méconnaît les sentiments qui ont porté nos pères à consigner l'article 7 dans la constitution du pays. Ils nous ont prouvé qu'ils étaient trop intelligents pour ne pas comprendre, comme je l'ai déjà dit plus haut, que l'étranger reviendrait chercher fortune en Haïti, l'article 7 le prouve, et en faisant de cette précaution une loi générale pour tous les blancs, le sentiment de la haine contre les anciens maîtres français du pays, qu'ils venaient de vaincre et de chasser des rivages de Saint-Domingue, ne pouvaient être qu'un sentiment très secondaire. La victoire n'excite pas la haine chez le vainqueur. Et la meilleure preuve de la noblesse de sentiment qu'ils avaient, c'est cette décision de Dessalmes, accordant aux blancs la nationalité haïtienne.

Ils pensaient plutôt, tout en sauvegardant leur victoire de la veille, non pas *consigner une haine*, comme le dit Delva, mais faire une loi toute de prudence et de fusion pour l'avenir, nous laissant le soin de la modifier, voire même de l'annuler plus tard, selon notre place dans la civilisation.

Mais le gigantesque pas d'écrevisse qui nous a placés si bas, nous donne-t-il ce droit en ce moment?

L'Angleterre, la France et le Danemark (à part l'Espagne), qui ont aboli l'esclavage chez eux, marchaient avec le progrès et s'étaient préparés par des lois conservatrices à éviter toute commotion intérieure; et si l'Amérique du Nord a forcé la main à l'Amérique du Sud, c'est que, République, elle devait être conséquente avec elle-même et qu'elle était assez préparée pour n'avoir rien à craindre des esclaves, subitement devenus libres. Voyez ce qui s'y passe, et dites si j'ai raison.

Si jusqu'à ce jour l'Espagne n'a pas totalement aboli l'esclavage chez elle, c'est qu'elle marche contre la civilisation, qu'elle va à reculons comme nous, à cause de sa mauvaise administration et de ses guerres civiles. Elle a toutes les peines du monde à garder Cuba. Nous n'avons pas à nous en occuper, car elle est trop pauvre pour acquérir, et son court séjour dans la partie dominicaine l'a guérie, pour longtemps, de toute conquête chez nous. Pour plus grande preuve de son impuissance, lisez ce qu'en dit Paul de Cassagnac, en tête de la troisième colonne du journal *le*

Pays, du 31 octobre 1873 : « *Regardez l'Espagne,*
« *l'armée y est tombée plus bas que les bandes de bri-*
« *gands les plus vulgaires. Les généraux sont à l'encan*
« *et les épaulettes d'or appartiennent au plus offrant.* »

L'Angleterre, la France, le Danemark , en abolissant l'esclavage, ne le faisaient certes pas uniquement par sollicitude pour la race, comme le prétend notre ami Delva, mais aussi par la force des choses, l'esclavage devenant impossible.

Ne faisons pas les hommes meilleurs ni plus mauvais qu'ils ne sont, et c'est malheureusement là le défaut de Delva.

Si je ne veux pas que nos pères aient eu l'idée de consigner une loi de haine dans notre constitution, je me gendarme *contre cette sollicitude* pour notre race, qu'il croit être l'unique mobile des nations qui ont donné la liberté aux noirs. Voyons les hommes comme ils sont.

Je dis donc que toutes ces nations qui marchent avec la civilisation et le progrès avaient pris leurs précautions avant d'abolir l'esclavage, qu'il doit en être ainsi de tous les actes sérieux de la vie des peuples, et le retrait de l'article 7 en est un.

Si, de nouveau, je constate que nous n'avons pas à craindre l'ancien régime, je répète que nous avons à redouter la raison du plus fort, la part du lion que peut se faire l'étranger protégé par son pavillon et, par la suite, la perte de notre autonomie.

Si je veux que l'étranger, quelle que soit la couleur de sa peau, ait des propriétés comme concitoyen par mariage ou consanguinité, j'exige de nos gouvernants des lois de garantie et leur exécution.

Nous avons à craindre encore, en leur donnant le droit de propriété, la *spéculation d'indemnité* qui consisterait à faire adroitement brûler ou piller sa propriété pour se faire payer après vingt fois sa valeur par notre gouvernement, faiblissant sous la menace d'un consul et de ses bouches à feu. Nous ne saurions trop nous tenir sur nos gardes.

J'ai entendu à Paris, en 1846 (j'avais seize ans, et je me le rappellerai toujours), un pharmacien ayant habité Haïti, raconter, en se frottant l'échine, qu'il vivait en France, heureux et content, avec de bonnes petites rentes, depuis que, sous le président Pierraut, il avait pu se faire administrer, par des *nègres* du Cap-Haïtien, une volée de *coco-macaque*... Que de fois n'avons-nous pas fourni des indemnités à des gens de cette sorte? Et combien n'aurions-nous pas à en fournir encore si toute l'île en était peuplée?

A propos du règne de Geffrard, dont parle mon ami Delva, je regrette d'avoir à dire que, sur ce point, je ne suis pas de son avis.

En parlant du gouvernement superficiel de ce président, qui, par sa politique et ses innombrables fusillades, a causé nos malheurs actuels et le deuil de bien des familles, il dit que s'il avait osé, il eût enlevé cet article 7, mais qu'il y a porté certaines modifications.

Je suis heureux pour notre pays et pour ce chef lui-même qu'il n'ait pas supprimé l'article en question, car nous aurions à l'accuser aujourd'hui de bien plus grands malheurs, et au lieu d'en vouloir à ceux qui, comme dit Delva, criaient qu'on voulait *vendre le pays aux blancs*, je leur sais gré d'avoir pris ce moyen d'intimidation pour empêcher l'accomplissement d'une pareille imprudence.

Je sais, d'ailleurs, et vous devez le savoir encore mieux que moi, mon cher Delorme, puisque vous en étiez, que des députés de l'opposition ont présenté à cette époque, à la Chambre, de vraies et sages modifications à cet article, et que par un amour-propre mal entendu, Geffrard les a fait écarter en essayant même d'incriminer, en la dénaturant, la pensée de ceux qui les proposaient. On ne peut donc faire à ce chef le mérite d'avoir voulu faire un acte de progrès à cet égard, quand, par jalousie peut-être, il refusait d'accepter l'idée de ses concitoyens.

Laissons donc Geffrard et son règne à l'histoire, qui, je l'espère, saura mettre à leur place tous ceux qui, jusqu'à ce jour, se sont chargés des destinées d'Haïti.

Une des raisons les plus sérieuses que donne notre ami contre l'article 7, est l'hypothèque que les étrangers prennent ou peuvent prendre sur les propriétés achetées au nom de leur femmes haïtiennes; sans discuter la question à fond, je le prierai de me dire combien d'entre eux ont usé du droit résultant de cette hypothèque.

Je prétends que si le cas n'a jamais existé, c'est grâce au mariage et à la famille, qui en est la conséquence. Le sentiment paternel dominant, il est tout naturel que l'enfant ne soit pas exclu de ses droits par les artifices du père.

Nous avons plutôt besoin d'avoir le bon ordre, afin que l'étranger, aussi bien que l'Haïtien, puisse entreprendre chez nous les grandes exploitations. Les exemples et les faits ne sont pas inutiles quand on fait un raisonnement; je citerai donc quelques exemples.

Je prendrai d'abord monsieur Cutt's, citoyen des États-Unis (dont parle Delva), et qui depuis plus de trente ans vit parmi nous, et qui s'est fait généralement estimer.

Soit par habitude, soit pour la vie simple et facile des colonies, soit par affection pour le pays, dans lequel il compte un grand nombre d'amis, soit à cause des affaires importantes qu'il fait avec toute l'île, soit à cause du climat, monsieur Cutt's ne peut plus nous quitter; c'est un de ceux que nos canons d'alarme et que nos guerres civiles n'ont pas encore dégoûtés du pays. Il est Haïtien de fait s'il ne l'est pas de droit. Comme tous les Américains, il aime les grandes entreprises qui peuvent doubler ou tripler leurs capitaux, et malgré l'article 7 en question, il a acheté l'habitation Lasserre pour y faire du sucre, du rhum ou du coton. Il était parfaitement convaincu, en faisant cette acquisition, qu'il allait faire une spéculation fructueuse, car ce n'est pas par philanthropie qu'il s'est engagé dans cette grande entreprise. Si, dès le début, il a eu des regrets d'avoir risqué un fort capital, la faute en est à nous, à ce manque d'ordre et de stabilité dont je viens de parler.

Ce qui a trait à Cutt's peut aussi s'appliquer à Delva lui-même, qui a fait pour l'habitation Courpon ce que le premier a fait pour Lassère et qui a passé par les mêmes déboires. Nous pouvons encore citer, parmi ceux qui ont créé des établissements dans la plaine et qui ont eu de grandes déceptions; feu Pétion Faubert, qui a monté, sur l'habitation Montmance, la plus belle usine du pays pour la fabrication du sucre. Il y a mis toute sa fortune et son travail ; il pensait assurer par là l'avenir de sa famille ; quel a été le résultat ? Il y a laissé sa fortune, et il est mort sans y avoir rien fait, à cause des bouleversements des révolutions et du mauvais vouloir des habitants, que l'insuffisance de l'autorité ne peut porter au travail.

Nous avons encore un autre avantage à conserver l'article 7, en donnant des garanties de sécurité par une bonne administration, c'est que l'étranger qui ne se marie pas est obligé, pour posséder, d'employer l'intermédiaire d'un Haïtien, qu'il intéresse dans son entreprise, comme l'a fait M. Cutt's avec mon beau-frère, M. Félix Duthiers, et comme cela se pratiquait sous le gouvernement du président Boyer. Si cela ne se fait plus, la faute en est à nous, à nos guerres civiles, à nos gouvernants qui, par des recrutements arbitraires et un service militaire impossible, ont porté l'étranger à ne plus vouloir d'associés Haïtiens et à ne plus les intéresser, puisqu'il était permis, par ordre supérieur, à une police brutale de les arracher à leur comptoirs pour en faire des soldats en les affublant d'un costume ou plutôt d'un travestissement militaire, comme si le soldat se faisait du matin au soir.

Si Cutt's a été le seul dans ces derniers temps à prendre un Haïtien pour associé, à acheter Lassère en son nom et à l'y intéresser, c'est qu'il a confiance quand même et malgré nous dans l'avenir du pays.

Je dis donc, et je dirai et redirai encore, qu'en donnant des garanties, qu'en réprimant les abus, qu'en faisant le travail obligatoire sans violence, nous verrons, dans des proportions plus larges, les étrangers et les Haïtiens faire comme Cutt's, Delva, Faubert et d'autres. En faisant la chasse à l'or, on sera philanthrope sans y penser; ce n'est pas le droit d'acheter qui arrête le progrès, c'est l'inquiétude, la crainte de perdre par révolution, par incendie, ou celle de n'être pas protégé dans son travail.

Ayons une bonne et forte administration pour pouvoir, avec justice, impartialité et sévérité, *exécuter nos lois*, et vous verrez si l'Haïtien avec son droit, et l'étranger, malgré l'article 7, n'auront pas en ville et dans l'intérieur des ateliers, des usines, des établissements de toute sorte.

Les gouvernements qui viendront après n'auront

plus besoin de créer; leur rôle sera facile, car Haïti, riche et prospère, attirera l'étranger, qui nous apportera toutes ses industries. C'est un rêve, vous me direz, peut-être ; mais ce rêve s'est bien réalisé chez les autres peuples.

Ne jetons pas le manche après la cognée. C'est là malheureusement le défaut que je constate trop souvent chez nous. Mais surtout pas de révolutions; laissons à chaque président son règne temporaire; si les quatre années ne lui suffisent pas, donnons-lui-en six, huit, dix, pour qu'il ait le temps d'achever ce qu'il a commencé.

Si, dans mes tristes soirées, à deux mille lieues d'Haïti, je me laissse aller à des rêves, que je crois réalisables, si seul, dans ma chambre, je laisse courir ma plume et vous prends, vous, mon compagnon de malheur, pour confident de mes réflexions ; si nos rues sales et effondrées, si le coassement monotone du crapaud, si les eaux croupies de nos rigoles, si le bruit lointain et énervant du vandoux disparaissent pour moi; si je vois Haïti prospère, si je vois nos rues propres et éclairées, une armée imposante, une police bien tenue, des juges intègres et la civilisation partout, vous le comprendrez, ce rêve, mon cher Delorme, c'est celui d'un patriote proscrit.

Après avoir lu les pages 15, 16, 17, 18 des considérations de Delva, je me demande la différence qu'il fait entre ceux qui disent *qu'au lieu de nous déchirer entre nous, comme nous le faisons depuis quelques années, nou s devrions donner le pays aux Américains,* et lui qui demande tout simplement le retrait de l'article 7 dans l'état de faiblesse où nous sommes. Il parle de la concurrence des blancs que, dit-il, on *jalouse* chez nous; il parle de notre *orgueil qui se gendarme,* de notre *amour-propre qui s'offusque,* de nos lois à employer pour nous garantir, et il ne voit pas que toutes ces choses sont des raisons qui prouvent que pour éviter les conflits de nationalités dans le pays, il faut que nous soyons dans une autre situation pour pouvoir effacer cet article 7, qu'il ne veut pas voir. J'excuserai plutôt ce cri du ventre de ceux qui, pensant au bœuf, au porc, aux harengs salés des États-Unis, disent carrément : *Donnons-nous aux Américains,* que ceux qui, la plume en main, nous mènent par des chemins détournés, sans le vouloir certainement, au même résultat.

Il m'est pénible de constater chez Delva, dans tout son écrit, sa sévérité, et je dirai même son injustice pour notre population; car, pourquoi ne voir que *haine chez nos pères et jalousie chez nous* ; — pourquoi

toutes ces dures épithètes de *meneurs, faiseurs, détrac-*
teurs, hommes de mauvaise foi, contre ceux qui ne
partagent pas son opinion à propos de l'article 7 ?
C'est vouloir empêcher toute discussion franche et
loyale ; c'est de l'arbitraire; car si moi, tout le premier, je m'étais effrayé de ces divers qualificatifs, je
n'aurais jamais osé prendre la plume, et certes, je
suis de bonne foi. Si, cependant, après avoir donné
publicité à ma lettre, on venait à me prouver, par des
raisons que je ne prévois pas et qui seraient natu-
rellement plus convaincantes que celles que nous a
fournies Delva, que je ne suis pas dans le vrai, je
m'empresserais de faire amende honorable et de
m'incliner devant l'évidence. Mais, en attendant,
comme je crois sincèrement avoir la raison de mon
côté, comprenant toute l'importance de l'article 7
dans notre constitution, je le défends et avec indépendance.

Sans me faire ici l'avocat de l'Américain, dont parle
Delva à la fin de sa brochure, je dirai que ce peuple
est un peuple de progrès, que j'admire pour ses succès. Commerçant, il vend ses fusils, ses armes et sa
poudre à ceux qui font métier de révolution dans
notre pays, comme il vend sa morue, ses biscuits et
sa farine à toute la population. Il nous donne en

même temps de quoi nous tuer et de quoi vivre. Il écoule chez nous tous ses produits, pourvu qu'ils lui rapportent de l'or. C'est un peuple qui va de l'avant et qui fait commerce de tout. Comme proche voisin, nous nous adressons plutôt à lui qu'à la France ou à l'Angleterre; tant pis pour nous, si nous nous égorgeons avec ses armes. En attendant, il marche toujours, s'enrichit, et si c'est aux dépens de notre sang, ce n'est pas sa faute, car il se soucie fort peu des partis politiques d'Haïti aux terminaisons en *istes*, et la meilleure preuve, c'est que les acheteurs de vapeurs de guerre, de canons, de poudre et d'obus du gouvernement du président Salnave, coudoyaient dans les rues de New-York les acheteurs des mêmes *éléments de succès* de la révolution de Saint-Marc.

L'Amérique a fait ses affaires d'armes avec la France dans sa dernière guerre, elle en fera encore et toujours avec toutes les nations qui en auront besoin; c'est un peuple d'affaires qui ne s'endort pas sur une natte en attendant que la banane lui arrive toute boucanée.

Bien malgré moi, je vais aborder un sujet que j'aurais voulu éviter, car je vais être forcé de vous parler du gouvernement sous lequel j'ai servi.

Je le ferai avec franchise et indépendance. Et ici je vous ferai ma profession de foi.

Je vous déclare hautement que, partisan du progrès, je n'ai jamais été et ne puis pas être, de parti pris, l'homme d'un homme, et aujourd'hui encore moins que par le passé; car depuis quatre ans que je vis sur la terre de France, justement ou injustement proscrit par un décret du président actuel de la République d'Haïti, j'ai, tant par le contact d'une société intelligente, que par les grands événements qui se sont déroulés sous mes yeux, fait provision d'expérience, ce qui me rend indulgent pour mes concitoyens et n'a fait que développer en moi l'amour de mon pays. Je serais donc prêt à mettre chapeau bas devant les actes du gouvernement d'aujourd'hui qui tendraient au bonheur d'Haïti, comme à reconnaître ce qu'il aurait pu y avoir de mauvais dans le gouvernement de Salnave.

Je lis dans dans les considérations de notre ami, page 15, une phrase ainsi conçue, en parlant des Américains : « *C'est le rôle qu'on les soupçonne de jouer en ce moment vis à vis des Salnavistes contre le gouvernement actuel du pays.*

C'est par Delva que j'apprends qu'il existe encore des Salnavistes, et qu'ils sont en manigance ou soup-

çonnés de l'être avec les Américains contre le gouvernement actuel.

Je serais heureux si je pouvais obtenir de l'auteur
des *Considérations* qu'il me dise ce qu'il entend par
le parti salnaviste.

Il me semble que le président Salnave a été fusillé;
que lui, son ministre des finances, son secrétaire, ses
généraux et ses amis ont été pris sur un terrain neu-
tre, sur le territoire dominicain et vendus à la révolution par le général Cabral pour *vingt-cinq mille
francs;* que des *Anses à pitre* à la Croix-des Bou-
quets, ce chef d'Etat a assisté en patient, attaché sur
un cheval, à la fusillade de ceux qui, par dévoue-
ment, l'accompagnaient en son exil, pour venir à son
tour finir son agonie, cloué au poteau rouge de son
palais en cendres.

Tout le monde sait qu'il est mort et bien mort, surtout après le coup de grâce donné sur son cadavre, au
nom de la constitution, par un M. X..., en quête de
célébrité historique.

Triste célébrité que celle d'assassin d'un mort ?

Si les débris du parti du gouvernement de Salnave
ont écouté le général Cinna Lecomte ou l'ont porté à
tenter le coup de main du Cap-Haïtien, ils n'étaient
et pouvaient être que les partisans du général Lecomte.

Mais en admettant même qu'ils eussent la prétention de faire revivre le cadavre de Salnave, il ne doit plus en exister, pnisqu'ils ont été tous pris et exécutés.

Ceux qui, dernièrement encore, ont essayé de prendre les armes aux Gonaïves, n'étaient que les survivants des partisans du général Victorin Chevalier, et si ce que l'on m'a dit et que j'ai lu dans nos journaux est vrai, il ne doit plus en rester, ou si peu que, pour sûr, ils ne sont pas à craindre.

Qu'il plaise à notre ami Delva de devenir ambitieux et de vouloir prendre les armes demain (ce qui n'est pas du tout dans ses goûts, et il a bien raison), et qu'il se serve du prétexte de la mort de son frère pour se faire des partisans, ce serait le parti Delvaïste et non Salnaviste; et ce que je dis de Delva peut aussi s'appliquer à moi. Car si je perdais assez l'esprit pour faire commerce de révolution, j'ai, il me semble, assez d'orgueil et de sang dans les veines pour faire, dès imbéciles ou des fous qui voudraient m'écouter, des *Pinkcombistes* et non des *Salnavistes....*

J'ai donc tout lieu de m'étonner de cette phrase, que je retrouve sous la plume intelligente et indépendante de notre ami Delva.

Je l'ai lue quelque fois dans les feuilles officielles d'Haïti, elle était nécessaire aux gouvernants pour la politique du moment ; je l'ai entendue une ou deux fois à Paris de la bouche de quelques pauvres d'esprit politiqueurs insipides, ou de certains ambitieux qui n'ont qu'une conviction : les faveurs et les bonnes grâces du pouvoir régnant. Il est par conséquent inutile de discuter avec ces deux espèces. Mais pour ce qui est de notre ami Alexandre Delva, qui n'écrit pas pour plaire aux puissants, qui ne brigue pas les fonctions publiques et qui n'a qu'une ambition, celle de voir la capacité au pouvoir et la prospérité du pays, je voudrais qu'il me dît, lui qui est sur les lieux, qui nous l'écrit dans sa brochure et qui doit par conséquent le savoir, si réellement il existe encore des Salnavistes, où ils sont et pour quel Salnave on les soupçonne d'être en manigance avec les Américains ?...

Pour Dieu ! arrachons donc le bandeau de nos yeux et voyons les choses comme elles sont.

A la page 20, je trouve cette phrase dans les Considérations : « *La leçon donnée par nos pères a été trop* « *rude à ceux qui l'ont reçue, pour qu'ils s'exposent à en* « *recevoir une nouvelle. Les temps ont changé et soi-* « *xante-dix années ont consacré une vérité, à savoir :* « *qu'Haïti appartient aux Haïtiens, que nous sommes* « *maîtres et seigneurs chez nous, etc., etc.* » Franche- « ment, notre ami Delva se fait des illusions ; car, sans vouloir feuilleter l'histoire pour avoir raison par mille exemples des temps passés, qu'il réponde seulement à ce dernier de notre époque : Combien d'années l'Alsace et la Lorraine ont-elles appartenu à la France ? Et combien de jours a-t-il fallu à la Prusse pour fouler aux pieds la vérité de Delva, à la barbe de l'Europe civilisée, malgré la loi des nations ?

Il y a malheureusement une vérité plus forte que celle que nous cite notre ami, c'est celle-ci : **LA FORCE PRIMANT** le droit. *Ni nos lois, ni nos institutions qu'il sera de son devoir de respecter, ni notre droit de les faire prévaloir* ne seront que d'un faible poids dans la balance, le jour qu'il plaira à une nation forte de vouloir nous avaler.

En demandant la conservation jusqu'à nouvel ordre de l'article 7 dans notre constitution, je ne demande pas l'*isolement,* qui est aussi impossible pour Haïti que l'esclavage, et je crois que l'exemple de la *Chine,* de la *Turquie* et de la *Perse* ne peut s'appliquer à nous.

Je ne connais pas assez l'histoire de ces peuples, je le confesse, pour en parler à mon aise ; mais comme elle n'est pas de grande importance dans la discussion, je n'en ferai pas une étude spéciale pour la réplique ; je constaterai seulement que l'étranger entre en Haïti librement, qu'il en sort de même; que le grand commerce que nous faisons avec l'Amérique et l'Europe, que les deux cents à trois cents Haïtiens qui, tous les ans, voyagent en France, en Allemagne, en Angleterre, et partout, prouvent assez que nous ne sommes pas et que nous ne voulons pas être isolés.

Ni l'article 7, ni nos guerres civiles, ni nos dernières scissions ne nous ont empêchés de faire toujours de grandes affaires avec l'étranger; nos ressources sont connues du monde entier... Quand on a du café, du coton, du campêche, qui poussent tout seuls, l'isolement est impossible pour nous, et l'article 7 est un détail pour l'étranger.

Protégeons le cultivateur, laissons-le en paix travailler sa terre, ne l'abrutissons pas par un service absurde; organisons l'armée par un service obligatoire et temporaire; que chaque Haïtien indistinctement apprenne à servir son pays; n'enlevons pas inutilement à notre culture des bras qui lui sont nécessaires; laissons à sa houe l'habitant, surtout celui qui a femme et enfant, car en supprimant son travail, vous ruinez sa famille et le pays en même temps. La femme seule sacrifie sa part de labeur pour entretenir l'homme à la caserne ou en marche; la récolte diminue et les ressources avec elle, et nous ne devons nullement être étonnés d'avoir en moins chaque année un sac de café, une balle de coton, un cabrouet de campêche.

Relevons donc notre agriculture, protégeons-là de toutes nos forces; c'est notre vrai sauveur.

Je me demandais la raison qui, jusqu'à présent, empêche nos chefs d'Etat de voyager *comme le sultan, malgré l'islamisme*, et le *schah de Perse*, malgré ou à cause *des récits fantastiques qu'on lui faisait de l'Europe*, et je ne pouvais la trouver, lorsque tout à coup la lumière s'est faite à mes yeux en lisant la citation latine des Considérations : *Caveant consules*, et ils ont bien raison , s'ils tiennent à leurs places.....

Enfin, mon cher Delorme, me voilà arrivé à la vingt-deuxième page du livre de Delva; je regrette encore d'être de nouveau en contradiction avec notre ami à propos du retrait du papier-monnaie. Mais pour ce qui est de l'énergie du gouvernement de la révolution, je ne puis le contredire, car nous nous en sommes assez aperçus, hélas ! à son entrée au Port-au-Prince.

Comme pour toute personne sensée, le papier-monnaie a été toujours pour moi une des grandes plaies d'Haïti; mais, ce que je ne puis accepter sans le combattre, c'est ce fait inexact que nous avance

Delva à la fin de sa brochure : *Que le gouvernement a lutté courageusement pour le retrait du papier-monnaie, qu'il nous a* FORCÉS *à accepter cette mesure, et qu'il a fait notre bonheur malgré nous-mêmes....*

Je trouve que notre ami Delva exagère ses éloges à propos de cet acte du gouvernement. Je me permettrai de rétablir seulement la vérité.

Je sais que nos gouvernants ont pris les rênes de l'Etat dans un moment critique, au milieu de difficultés créées par eux-mêmes ; je ne prétends pas demander l'impossible, je serais injuste ; mais je constate un fait qui est palpable, c'est qu'on n'a pas retiré le papier-monnaie, qui s'est retiré tout seul, honteusement, devant la démonétisation, déshonoré par la prostitution, le peuple n'en voulant plus ; étouffé sous les émissions faites pendant la guerre et par la fausse monnaie, que nos administrations, impuissantes jusqu'à ce jour, n'ont jamais pu empêcher.

Je dis donc que le décret du gouvernement actuel n'a été qu'un acte forcé, une consécration du mépris public, le coup de pied de la fin. Je dis que ce n'est là qu'une mesure applicable au moment présent et non une vraie solution financière.

J'aurais mieux aimé voir le gouvernement prendre une résolution qui, certes, aurait été énergique et très louable, celle d'annuler, à son entrée dans la capitale, tous les papiers indistinctement, d'employer la même pelle qui ramassait les chiffons de Salnave à envoyer ceux de la révolution dans le même cabrouet aux ordures; de faire ensuite un appel au patriotisme de tous, de contracter un emprunt national, en mettant à contribution les caisses de ceux qui pouvaient et *devaient* aider la révolution autrement que par une approbation tacite et des vœux à domicile; et c'eût été facile pour beaucoup d'entre eux, car, en ménageant la chèvre et le chou, ils avaient pu adroitement, tout en demandant, *bien bas*, la réussite de la révolution, profiter largement des faveurs de Salnave.

Si, cependant, par des raisons que je ne puis deviner, le gouvernement se trouvait dans l'impossibilité d'employer la mesure que je viens d'indiquer, j'aurais voulu que, par une bonne administration, il arrivât, en arrêtant graduellement la fabrication des siens, tout en empêchant, par des mesures sévères, l'entrée des faux, à ne pas léser les intérêts de tous, comme le fait a eu lieu.

Le peuple, qui était obligé de recevoir le papier-monnaie qu'on lui donnait contre ses produits, ne devait perdre sous aucun prétexte.

Il a travaillé sa terre, et c'est à la sueur de son front qu'il a pu avoir le café, la patate, la banane qu'il nous vend..

Depuis le président Boyer jusqu'à ce jour, on lui a toujours donné ce carré de papier imprimé et signé, qu'on nomme Gourde; il ne sait même pas ce qui y est écrit, ni qui a signé; *il ne sait pas lire;* cependant il y va de confiance, ce bon peuple; il prend et les bons et les faux. Pourvu qu'avec ce même chiffon il pût acheter sa colette, son ginga, sa morue et son tabac, il vivait content et laissait la politique aller son train. Il ne supposait pas, dans sa naïveté, que la police ou l'autorité qui le forcerait arbitrairement à recevoir ces billets, s'il osait les refuser, est la même qui les jetterait à la porte s'il était allé demander au trésor public, qui les garantissait, de lui en donner la valeur, et ce n'est pas là, il me semble, de la justice.

Je me demande *quels énormes bénéfices* ferait le commerce en général si les débiteurs particuliers pouvaient agir ainsi, et comment on les nommerait.

Le gouvernement de la révolution avait le droit de tout faire à son arrivée au Port-au-Prince. Il n'a jamais été troublé dans son autorité que par la tentative du général Cinna Lecomte, au Cap-Haïtien, qui n'a pas duré même deux jours. Je regrette et je blâme hautement ce fait, auquel a été poussé Cinna Lecomte, par l'injustice de sa mise hors la loi à l'entrée de la révolution dans les murs de la capitale. Lui et ses compagnons ont jeté leur vie dans l'enjeu révolutionnaire, il ont perdu et payé de leur tête. Paix donc à leurs cendres. Si j'ai déploré leur mort, c'est qu'il m'a été toujours douloureux, sous tous les gouvernements, comme il me l'est encore, de voir disparaître des Haïtiens intelligents qui, plus tard, dans des temps tranquilles, auraient pu être utiles à leur pays.

Depuis la révolution de 1843, jusqu'à nos jours, nous avons à regretter trop souvent la moisson stérile, par des exécutions sans nombre de nos jeunes hommes les plus capables, pour ne pas nous demander, le cœur navré, si la vie de tous ces enfants d'Haïti qui reposent dans ces tombes de suppliciés le long des murs de nos cimetières extérieurs, et sur toutes nos grandes routes, fusillés à la fleur de l'âge pour leurs opinions politiques, ne serait pas d'une plus grande utilité pour le pays que le retrait de l'article 7.

On peut, par une bonne politique, ramener le citoyen égaré, l'enfant prodigue de son sang. Les gouvernements doivent être comme des pères de familles.

Je crois qu'à part cette tentative du Cap et la dernière des Gonaïves, qui n'a eu de l'importance que par le nombre des fusillés, la marche du gouvernement actuel n'a jamais été entravée en quoi que ce soit. Il a toujours eu pour lieutenants des hommes qu'il considère lui-même comme très capables et qui passent pour tels dans le pays. Si je lui conteste le mérite du retrait des chiffons du Trésor, qui ont disparu sous son règne, je dois m'apprêter à lui reconnaître celui qu'il va se faire dans l'histoire de 1874.

Le président Nissage Saget va avoir l'insigne honneur, après quatre années de présidence, de céder le fauteuil de l'exécutif à un nouvel élu. Ce sera, certes, une gloire pour lui de donner cet exemple en Haïti et de tracer la conduite aux autres, puisqu'il n'a pas été permis à son prédécesseur, nommé comme lui pour quatre ans, d'être le premier à le faire, en se retirant après son temps.

Avant de clore ma lettre, laissez-moi vous donner le raisonnement d'un Haïtien que j'ai vu, chez moi, il n'y a pas longtemps.

Sans lui parler de mon plaidoyer en faveur de l'article 7, sans lui dire mon intention d'écrire ou pour ou contre, je lui demandais s'il avait lu la brochure de Delva, et ce qu'il en pensait :

« Elle est d'à-propos, m'a-t-il répondu ; et il est
« plus que temps que l'on flanque (*sic*) à la porte cet ar-
« ticle démodé et la constitution avec, car ça n'a qu'un
« tas d'articles inutiles, qui ne servent à rien qu'à
« faire ouvrir et fermer les chambres et jeter le dé-
« sordre dans le pays; c'est un prétexte à révolu-
« tions.

« Vous comprendrez bien (c'est toujours le visi-
« teur qui parle) que c'est fort ennuyeux pour celui
« qui risque ses fonds dans la plaine de n'avoir pas
« de sécurité et de toujours craindre, en se couchant,
« de perdre dans la nuit son travail du jour. Quand
« la propriété du mulâtre ou du nègre sera entourée
« de tous côtés, comme une île, par des propriétés
« d'étrangers, elle sera forcément respectée, puisque
« l'autorité sera obligée, le canon sous la gorge, de
« faire respecter celle de ces messieurs; par contre-
« coup, le nègre et le mulâtre jouiront de la protec-
« tion accordée aux autres.

« —Mais alors, vous dites tout simplement que le
« gouvernement est de mauvaise foi et que c'est lui
« *qui ne veut pas* qu'on respecte la propriété de ses
« nationaux, et pour l'y contraindre, vous devenez
« de plus mauvaise foi que lui, n'est-ce pas?

« Que voulez-vous? a répondu l'ami, à malin, ma-

« lin et demi; je ne dis pas que le gouvernement soit
« positivement de mauvaise foi et qu'il ne veuille
« pas, de parti pris, faire respecter les propriétés des
« Haïtiens ; mais vous comprenez, comme moi, que
« nous sommes dans un bourbier, et comme il ne fait
« rien du tout pour nous en retirer, il faudra, pour
« secouer son apathie et le forcer à aller de l'avant,
« lui créer un *danger permanent, une inquiétude con-*
« *tinuelle.* »

« — Mais, lui ai-je demandé, si ce gouvernement se
« trouve incapable d'organiser un bon ordre de cho-
« ses pour faire respecter les propriétés des étran-
« gers, qu'en adviendra-t-il ?

« Alors, m'a-t-il dit avec tout son sérieux et avec le
« plus grand calme, ce sera *tant pis pour lui.* » Inutile
de conclure ; seulement je dois constater et je le dis
avec plaisir, que la majeure partie des Haïtiens que
je vois à Paris ne raisonne pas, heureusement pour
nous, comme le visiteur *Tant-pis.*

J'ai remarqué, au contraire, que le patriotisme
chez les nôtres n'était qu'endormi, qu'il était facile,
en causant du pays, en parlant avec conviction de
l'avenir d'Haïti, de faire vibrer cette corde sensible;
car, quelle que soit la distance où l'on se trouve,
quelle que soit la fortune qu'on possède, quelle que

soit l'insouciance qu'on affecte à l'égard de sa patrie, on ne peut oublier le pays de ses ancêtres, le pays où l'on a reçu le jour, à moins d'être déshérité par la nature ou désavoué par la société; et ceux qui sont dans ce cas, sont à plaindre ou à mépriser.

Enfin, mon cher Delorme, j'ai terminé ma tâche; soyez indulgent; je tiens beaucoup à connaître votre opinion sur les idées que je viens d'exprimer.

J'ai écrit bien plus long que je ne le pensais, que voulez-vous ? Je venais de répondre, par mes *deux mots* au fameux sénateur Dupont; je m'étais éveillé en causant du pays; la corde avait vibré; j'avais sous les yeux les Considérations sur l'article 7, et plus je les lisais, plus je sentais qu'il fallait les combattre; j'étais entraîné, et instinctivement j'ai pris la plume. C'est une arme loyale, et je m'en suis loyalement servi, j'espère, contre mon adversaire et ami Alexandre Delva.

Faites-moi l'amitié de me lire avec attention. Cette lettre n'est que la photographie de mes pensées, que j'ai transcrites comme elles se sont présentées. C'est

un travail qui m'a coûté quelques nuits , que j'ai con-
sacrées avec plaisir, car je parlais d'Haïti.

Je souhaite, mon cher Delorme, qu'il ait votre approbation, pour oser ensuite la demander à me concitoyens.

Votre ami et compagnon d'exil,

EDOUARD PINKCOMBE.

RÉPONSE

DE

Mᴿ DELORME

Paris, 7 novembre 1873.

Mon cher Pinkcombe,

C'est avec un très grand intérêt que j'ai lu les réflexions que vous m'adressez sur l'article des constitutions d'Haïti qui refuse le droit de propriété aux étrangers.

Je n'ai jamais considéré cette interdiction comme une disposition définitive, mais comme une mesure transitoire; et je pense que le législateur doit avoir à s'en occuper avec soin pour arriver à concilier sagement l'intérêt bien entendu de notre pays avec les principes internationaux des temps modernes.

Il y a vingt ans que je pense cela, et il y a douze ans que j'ai soutenu à la Chambre des députés cette nécessité de pouvoir bientôt commencer la série de *modifications successives* que l'avenir de notre pays commande de substituer graduellement à cette exclusion absolue.

Mais je crois en même temps qu'il y a quelque chose à faire avant ces changements, que ce quelque chose est indispensable pour que ces changements puissent être profitables, et que, par conséquent, il doit les précéder.

Je crois, et cela se comprend sans peine, que ce qu'il y a de plus urgent à faire en ce moment pour l'avancement du pays, c'est d'établir des garanties efficaces et solides pour le travail et pour la propriété, relevée par le travail, afin de créer la prospérité publique au moyen de l'agriculture sérieusement encouragée, protégée, aidée, stimulée par les soins quotidiens des pouvoirs publics, et afin que ces garanties et ces sécurités invitent le capital étranger à se placer dans notre pays.

J'ai déjà dit et démontré cela d'une manière qui n'admet pas de réplique dans la dernière publication que je viens de faire.

C'est certainement moins cette disposition organique dont vous m'entretenez qui empêche l'introduction chez nous des capitaux étrangers que le manque d'organisation administrative et de protection pour le travail agricole. Dans la république dominicaine, à côté de nous, l'étranger peut posséder le sol, et personne ne va s'y établir comme propriétaire rural, parce que la propriété et l'exploitation n'y ont pas les garanties et les facilités qu'elles trouvent dans les pays où elles prospèrent.

De quoi s'agit-il en fin de compte? —De relever notre pays ? — Eh bien, il faut commencer par le commencement. Il n'y a jamais d'autre chemin à suivre quand on veut réussir en quoi que ce soit.

Or, le commencement, pour nous, consiste à protéger et à encourager la production agricole pour que nous ayons, par suite de cela, les ressources qu'il nous faut pour entreprendre de civiliser ce pays sous le triple rapport matériel, moral et intellectuel.

L'étranger, même avec le droit de propriété territoriale, ne placera point ses capitaux dans nos terres tout le temps qu'il n'y aura pas chez nous une organisation administrative qui permette de faire valoir ces terres avec sécurité, à moins qu'il ne compte sur le gouvernement de son pays pour faire respecter au besoin ses intérêts engagés sur notre sol. Personne ne peut contester une vérité si évidente. Et je ne puis admettre que mon pays doive s'en remettre à l'étranger du soin d'établir chez lui l'ordre et la discipline au moyen de la peur.

Personne n'est plus que moi partisan décidé des réformes et des innovations susceptibles de produire du progrès; mais je crois que ces innovations et ces réformes doivent être élevées sur un terrain préparé à les recevoir et que, sans cela, elles ne produisent pas plus d'effet que la routine.

En fait de politique et d'économie sociale, les théories ne sont pas absolues; elles sont soumises à des conditions pratiques, qu'il faut obtenir tout d'abord. Il n'y a dans le monde qu'un bien petit nombre d'idées absolues, et celles-là n'appartiennent pas à la vie active.

Il s'agit donc d'abord pour nous de nous organiser.

Quand notre organisation intérieure aura porté ses fruits, les capitaux étrangers, qui ne voyagent pas sur la foi du sentiment, mais qui affluent partout où il y a certitude de bénéficier, accourront chez nous, comme on les voit dans les parties de l'Amérique du Sud où il y a de l'administration et du travail. C'est alors qu'il conviendra de s'occuper de notre constitution, tant pour donner satisfaction aux idées de l'époque où nous vivons que pour accélérer, au moyen de l'élément européen, le développement de notre prospérité.

A ce moment-là, nous n'aurons rien à craindre : ni la disparition du grand propriétaire haïtien, ni la vileté du prix de la propriété, ni l'intervention du canon étranger protégeant ses nationaux contre notre incurie.

Chaque chose vient en son temps.

Le peuple anglais, avant d'avoir fondé cet ordre public au moyen duquel sa prospérité grandit sans interruption depuis près de deux siècles, avait passé par des luttes sanglantes, en grande partie causées par les croyances religieuses. En 1673, l'église anglicane l'ayant emporté, le Parlement vota l'acte du *Test*, qui déclara incapables d'exercer les fonctions publiques tous ceux qui n'adhéreraient pas aux doctrines de la religion réformée. Cette loi organique, qui excluait ainsi de tous droits politiques les catholiques et les non-conformistes, comme l'article 7 de notre Constitution exclut du droit de propriété immobilière ceux qui n'appartiennent pas à notre nationalité, a duré plus de cent cinquante ans, et n'a été enfin abrogée qu'en 1828, c'est-à-dire à une époque où la situation des choses en Angleterre, affermie par un siècle et demi de progrès de toutes sortes, rendait inutile la précaution qu'on avait prise en faveur de la réformation religieuse, dans laquelle les hommes d'Etat de ce pays plaçaient la garantie des libertés publiques et du régime représentatif.

Tandis que le parlement anglais excluait ainsi les catholiques, Louis XIV, de son côté, excluait les huguenots, dont les doctrines lui semblaient hostiles à la monarchie absolue et illimitée.

Il est loin de ma pensée de justifier ces exclusions : je les présente simplement ici comme des exemples de ces mesures que les circonstances et la politique font malheureusement prendre aux gouvernements, suivant l'état social de leurs pays et en vue de poursuivre la réalisation d'une idée fondamentale.

Napoléon Iᵉʳ a imaginé le blocus continental, qui consistait à *exclure* de son empire et des pays alliés le commerce des anglais, qui combattaient ses plans politiques. Le majorat, cette épave de la féodalité, qui interdit l'aliénation des anciens fiefs et qui, par conséquent, *exclut* de la grande propriété tous ceux qui ne descendent pas en ligne directe et par ordre de primogéniture des grands tenanciers d'autrefois, existe encore en Angleterre, où il est considéré comme une des assises du gouvernement parlementaire et de la puissance de la nation.

L'institution des douanes chez les nations de l'Europe, depuis les ordonnances et les tarifs de Colbert, avait moins pour objet de créer des ressources financières que de *protéger* le développement du travail national. Les droits élevés qui frappaient les produits étrangers étaient moins des mesures fiscales que des mesures prohibitives: ils avaient pour but d'interdire autant que possible des marchés nationaux l'industrie des pays étrangers, en vue de favoriser l'industrie nationale et de lui permettre par là de progresser. Aujourd'hui que les procédés scientifiques appliqués aux arts pratiques ont à peu près égalisé les conditions du travail et les aptitudes des nations dans la carrière des industries, les gouvernements éclairés, modifiant les lois de l'économie politique, adoptent graduellement les principes du libre-échange, qui tend à se substituer peu à peu au système de la protection, lequel a fait son temps. Ce n'était donc pas par hostilité contre l'étranger que des nations comme la France, l'Angleterre, la Hollande, *excluaient* de chez elles les marchandises étrangères au moyen des droits prohibitifs, et même au moyen d'interdictions absolues comme cet article 7 dont vous me parlez, qui *exclut* de chez nous, à la place de la marchandise étrangère, le propriétaire étranger; c'était pour faciliter leur propre industrie nationale, qui, sur un produit ou sur un autre, n'était pas encore en état de soutenir la concurrence.

Les divers points d'histoire et de politique pratique auxquels je viens de faire allusion sont complètement identiques *au fond* à la question qui nous occupe. Il suffit d'y réfléchir un instant pour s'en convaincre. Ainsi donc, l'exemple des grandes nations se joint à la voix du sens commun pour nous avertir qu'il faut que nous nous mettions d'abord à nous organiser d'une manière intelligente et à prospérer par le travail agricole pour que nous en venions ensuite à modifier, puis à rapporter, quand notre situation intérieure l'aura rendue inutile, cette disposition de nos constitutions qui dénie à l'étranger le droit de posséder le sol chez nous, comme cette triste loi d'un peuple grec de l'antiquité, qu'il appelait ouvertement la *xénélasie*, et qui éloignait les étrangers de son territoire et de sa société.

Notre but, à nous, ne doit pas être d'éloigner systématiquement l'étranger, qui apporte avec lui les éléments des progrès; mais de consolider le fait de notre nationalité, de sauvegarder prudemment notre sécurité internationale, d'aider nos concitoyens à prendre *effectivement* possession du pays en prospérant activement et sans alarme comme grands propriétaires fonciers, et de rendre enfin possible par notre organisation et par une sage législation spéciale le placement dans nos terres du capital européen.

Ce n'est donc point d'animosité, ni de ressentiment, ni de prévention, qu'il s'agit ici; mais de politique, de prudence et d'administration.

Les temps où nous sommes n'appartiennent pas aux guerres de races. Les préjugés et les antagonismes ethnologiques s'en vont chaque jour se perdant dans les ténèbres du passé. C'est la réconciliation, c'est l'estime mutuelle que l'avenir nous réserve. C'est là le but le plus élevé de ce que nous appelons le progrès, la civilisation. Tant pis pour ceux qui ne voient pas que les hommes sont frères et que les lumières de l'esprit vont bientôt dissoudre toutes les préventions, comme les clartés du soleil dissipent la nuit et les brouillards.

Cela dit, j'ai à vous féliciter, mon cher Pinkcombe, des sentiments d'ardent patriotisme que respire l'écrit que vous venez de m'envoyer. Depuis que s'est éteinte la grande génération de 1803, nous entendons assez rarement les Haïtiens parler de leur pays à l'étranger avec cette chaleur d'affection qui dénote la sincérité, la conviction, la résolution, et qui contribue à élever, dans tous les pays, le niveau du patriotisme.

Ceux qui aiment comme vous cette patrie que je chéris et que je respecte au-dessus de tout en ce monde, je les aime, moi, non comme des amis et des compatriotes, mais comme des frères nés de la même mère. Je vous félicite et vous serre la main.

On s'honore et on s'élève en respectant son pays. Pour les hommes qui ont de l'âme, plus la patrie est malheureuse, plus on l'affectionne et s'y attache.

Ceux qui, étourdis par les appétits grossiers qui forment pour eux toute l'existence, croient faire acte de distinction en se séparant de leur pays ou en affectant de le dédaigner, ceux-là, je n'ai pas besoin de dire ce qu'ils sont. Ils sont jugés. L'étranger même devant qui ils s'avilissent en faisant fi de leur pays, leur sourit en les écoutant et garde pour eux au fond du cœur le mépris qu'on éprouve pour les fils ingrats, les apostats, les renégats et les traîtres.

Je vous serre encore la main, mon cher compatriote et compagnon d'exil; et je me joins à vous pour espérer pour notre pays un prochain avenir d'ordre, d'organisation, de concorde et de prospérité.

DELORME.

www.ingramcontent.com/pod-product-compliance
Ingram Content Group UK Ltd.
Pitfield, Milton Keynes, MK11 3LW, UK
UKHW021014220726
13924UKWH00002B/977